マンガ 僕たちの日本国憲法

主な登場人物

池上《いけがみ》彰《あきら》
ジャーナリスト

白鳥沢《しらとりざわ》彩《あや》
集英学園《しゅうえいがくえん》高等部の3年生。
ボランティア同好会

五代和久《ごだいかずひさ》
集英学園高等部の3年生。
ラグビー部

源《みなもと》ひかる
集英学園高等部の3年生。
和久の幼馴染《おさななじみ》

監修のことば

このところ日本国憲法のあり方が大きなニュースになります。そんなニュースを横目で見ながら、「なんだか難しそうな話だなあ」などと思っていませんか。

でも、本当にそうでしょうか。憲法をめぐっては、学者や政治家が議論を戦わせているため、敬遠したくなるかもしれません。ところが、あなたが朝起きてから学校や仕事に行き、帰宅するまで、あるいは休みを過ごすときも、憲法があってこそ守られていることがあるのです。

学校に行くのは義務ではありません。権利です。「義務」なのは、子どもを学校に通わせる保護者なのです。

開発途上国へ行くと、憲法が守られていないところがいくらでもあります。子どもたちには「教育を受ける権利」があると書かれていても、学校に行けない子どもたちが大勢います。

中国の憲法の第三五条には、「中華人民共和国公民（国民のこと）は、言論、出版、集会、結社、行進及び示威《しい》の自由を有する」と明記してあります。

結社とは政党をつくること、示威とはデモンストレーションつまり大声で主張を述べることです。ところが、私は北京の天安門広場で、自分の意見を書いた垂れ幕を広げようとした人が、あっという間につかまって護送車に押し込まれるのを見てしまいました。憲法は守られていないのです。

そこで中国では、弁護士を中心に「憲法を守れ」という運動が始まりましたが、この主張をしている人たちが次々に逮捕されてしまいました。第五条に「すべての国家機関、武装力、政党、社会団体、企業及び事業組織は、この憲法及び法律を遵守しなければならない。この憲法及び法律に違反する一切の行為に対しては、その責任を追及しなければならない」と書いてあるのですが。
憲法に何と書いてあろうと、中国共産党にとって脅威になるようなことをした人や組織は、有無を言わせずに捕まえる。これが現実なのです。
これを見ると、「憲法に書いてあるから」というだけでは、憲法は機能しないことがわかります。たとえば、あなたの小学校や中学校で使った教科書はタダでもらえたでしょう。日本国憲法第二六条に「義務教育は、これを無償とする」と書いてあるからです。
でも、私が小学生のとき、教科書は買わなければなりませんでした。憲法が守られていなかったのです。その後、「教科書も無償にすべきだ」という声が高まって、ようやく無料になったのです。憲法は自動的に私たちの暮らしを守ってくれるものではないことに気づくでしょう。憲法は、私たちひとりひとりが努力を続けないと、私たちのために機能しないのです。
もちろん憲法を改正することはできます。憲法を改正するかしないか主張をすることも自由です。「憲法を守れ」と言っても、「憲法を改正しよう」と言っても、逮捕されることはありません。それは、私たちが、自由な発言が認められないのは大変なことだと思っているからです。
こうした憲法についての授業を受けると、高校生の意識や行動は、どう変わるでしょうか。それが、この本です。この本に描かれたようなことが、あなたの身の回りでも起きるかもしれません。そのとき、あなたなら、どうしますか？
この本のストーリーを楽しみながら考えてみてください。

二〇一九年二月

ジャーナリスト　池上　彰

目次

1時限目
日本国憲法ができるまで

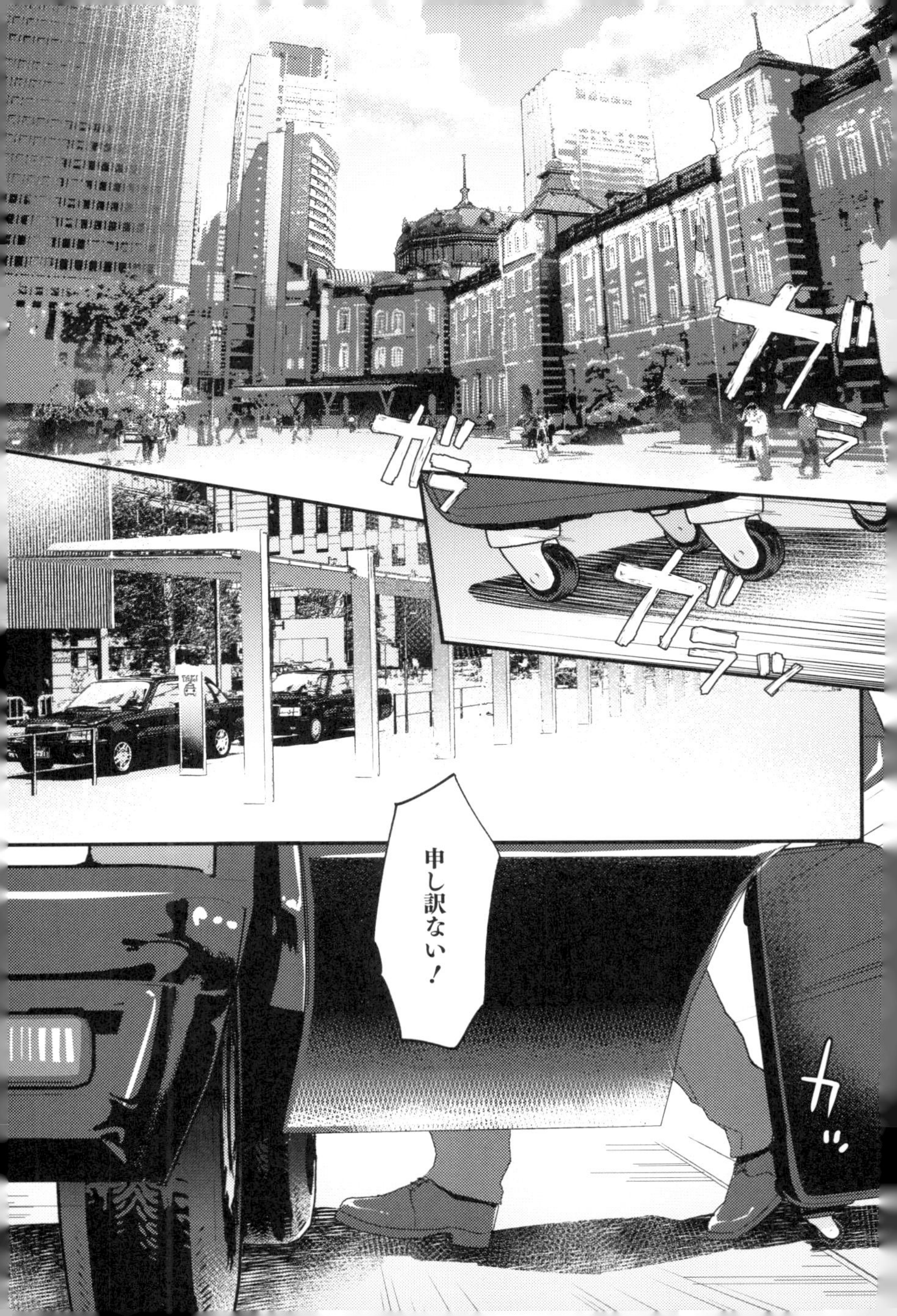
ガラ
ガラ
ガラ
ガラッ
申し訳ない！
カッ

ドサ
私立《しりつ》集英《しゅうえい》学園《がくえん》まで
ちょっとだけ急いでもらえるかな？
はい わかりました
バタン
ふう…
ブロロロ…

ジィ～
特別授業
『君たちの日本国憲法』
＠私立集英学園高等部
パラ。
日本国憲法か…

すべては
ここから始まったんだ…
——一九四五年
GHQ（連合国軍最高司令官総司令部）本部
一九四五年八月一四日…
日本は『ポツダム宣言』を受け入れ 無条件降伏し
ここに日本軍の真珠湾攻撃で開戦した太平洋戦争が終戦を迎えます

同年八月三〇日には アメリカのダグラス・マッカーサー元帥《げんすい》が
GHQの最高司令官として 神奈川県の厚木《あつぎ》飛行場に 降り立ちました
そして マッカーサーは 九月二七日に アメリカ大使館 公邸で昭和天皇と会見
翌月の一〇月には
新しく総理大臣になった 幣原《しではら》喜重郎《きじゅうろう》の表敬訪問を受け
これまでの大日本帝国憲法を 大幅に民主化した憲法改正を 日本に強く求めます
―一九四六年二月三日…
ホワット！

ワナ
ワナ
毎日新聞
この新聞の記事は間違いないのだな！
日本政府は真剣に憲法を改正しようと思っているのか？
……
だったらなぜ『天皇の統治権不変』などという内容がここに入っているのだ！
ビリ
ビリ
このようなものをワシは認めん！

ホイットニー！
民政局のスタッフを動員して日本国憲法の草案を作り上げろ
次の会談までの九日間でだ！
えっ
九日間ですか？
はっ！
ゼシッ
ギロ
………
そこに ワシが要求する この三つの条件を必ず加え
日本政府に気づかれることなく完成させろ！
COPY
SECRET
『一、天皇は国のヘッドである。天皇の仕事は憲法にもとづいて行われる』
『二、日本は紛争を解決する手段としての戦争ばかりでなく自国を守るための戦争も放棄する。陸海空軍は持たない』
『三、封建制度は廃止する』
Pattern budget after British system.

わかったな！
ビシッ
イエスサー！
こうして
ホイットニー民政局長は
部下の民政局次長の
チャールズ・ケーディスに
マッカーサーの命令を伝達…
民政局
We the People
DECLARATION
Charter of the United Nations
and Statute of the
ケーディスを中心に
集められた
二五名のメンバーが
マッカーサーの
三つの条件が入った
『マッカーサー・ノート』
だけでなく
国連憲章や
フランスの人権宣言
アメリカの合衆国憲法に
ドイツのワイマール憲法
フィンランド憲法に
ソビエト憲法までも
参考にし憲法草案を
完成させました

――吉田《よしだ》茂《しげる》外務大臣邸
一九四六年二月一三日
あなたたちが
まとめようとしている
憲法改正草案
我々ＧＨＱは自由と
民主主義の観点から
受け入れることはできません
……
今から憲法改正草案は
これをもとに進めて
もらいます
こ これは！

天皇陛下がシンボル（象徴）に…
国民主権に戦争放棄もですか…
マッカーサー司令官は
本気ですよ
わ…
わかりました
これをもとに日本政府として手直ししたものを
次回 提出させていただきます…
それでいかがでしょうか？

わかりました
お待ちいたしましょう
ガタ
パタン
敗戦国の日本はアメリカ側の憲法草案を拒否できず
三月四日の日米合同委員会で手直しした日本案を提出
そのまま日米での徹夜の審議が行われ五日に正式な憲法草案がまとまり
六日の午後五時憲法改正草案要綱が発表されました

それから
戦後になって
ようやく
女性の参政権が
認められ
一九四六年四月一〇日に
行われた
第二二回衆議院選挙で
当選した議員たちが…

国会議員候補
女性参政権!!
戦争で焼け残った国会議事堂に集い
その憲法改正草案について論争を交わしていくんだよな
投票
それでは
当選を祝して
万歳三唱!!

万歳!
わ
万歳!
あ
万歳!
お
あ
万歳!
あ
あっ
ありがとうございます
みなさん
ありがとうございます
万歳!
わい
万歳!
わい
ありがとうございますっ
ペこ
ペこ
ヨネちゃーん
よかったねー!

こら！
ヨネちゃんじゃねえ！ これからは
大田原《おおたわら》ヨネ子《こ》先生だぞ！
だって ヨネちゃんは ヨネちゃんのままだしね
昔は昔 今は今！
わたしはこれからも ヨネちゃんですから！
ほら！
そうですよね？ ヨネ子先生？
やめてください 先生だなんて…

でもなァ ヨネちゃんじゃ 国会議員としての 威厳と言うか
品格と言うか そういうのがな…
あら!
何て呼ばれようとも
わたしがみなさんを 代表して 国会に行かせて もらうことは 絶対に変わりませんので
ご安心くださいね!
あはは
くすくす
それよりも みなさん
わたしは今ちょっと 気がかりになっている ことがあるんです

それは
新しい憲法の草案のことなんですが
近頃それをアメリカ側が無理矢理日本に受け入れさせた
押しつけられたものだと言う人たちが出てきています
彼らは日本人だけの手で新しい憲法を作るべきだと言っていますが
本当にそうなんでしょうか？
……

実は
アメリカ側が提示してきた憲法の草案も
高野《たかの》岩三郎《いわさぶろう》さんや森戸《もりと》辰男《たつお》さんなどの民間の学者グループが作った『憲法研究会』が
一九四五年一二月二六日に発表した『憲法草案要綱』を大いに参考にしているんです
……
それに先月の四日から五日にかけて日米で徹夜の議論をした時にも
アメリカ側が提示してきた『土地および一切の天然資源は国のものである』という内容は
日本側から あまりにも社会主義的すぎるという指摘から削除されました

同じく アメリカ側が主張していた議会の『一院制』は
衆議院
日本になじまないという理由から
日本側によって『二院制』に戻されているんです
参議院
みなさん
この新しい憲法の草案は押しつけられたものではありません
わたしたちの憲法として
わたしは国会ではしっかりと話し合いながら賛成していきたいと思っているんです！

ウチらもそう思ってるから
ヨネちゃんに一票を入れたんだからね！
あぁっ
そうだ！
オレらの代わりに国会でそう言ってきてくれ！
ヨネ子！
あら？ヨネ子先生じゃなかったの？
うっ
うるせい！
頼んだぞ！
任せたぞ！
頑張ってこーい！
……っ

うわあー！
すごく大きい…
ぽかーーん。
何をしてるんだ
君は？

えっ
キラ
ここはね
国会議員しか
入れないんだよ！
国会議員しか！
あ それ
わたしのと
同じですね
はあ？
ムッ
キラッ

とにかくだ！
そんなところに突っ立っていたら通行の邪魔だろう！
どいた どいた！
はい…
…？
じろ じろ
ふんっ
国会にモンペとはな…
モンペが何だっていうんだい？

なっ…
モンペは働く主婦たちの正装！
国会で働こうって思ってる私らが着たらいけないのかしら？
その辺 同じ国会議員として白黒つけてもらえませんか？
じり
じり
もモンペ…
はい？
よくお似合いですね…
ありがとうございまーす！

で では じ 自分は お 御先に…
こそ こそ
戦争が終わったっていうのに何も変わらない人っているのよ！
本当 世の中相変わらず男だけって思ってる
今回の選挙では三九名の女性国会議員が誕生したのにね！
くるっ
同じ仲間としてよろしくね！

こちらこそ よろしく お願いします!
この議会では
憲法改正草案に『主権在民』を明記する言葉が加えられ
『すべての国民は、健康で文化的な最低限度の生活を営む権利を有する』という条文が追加
さらに 帝国憲法改正小委員会の芦《あし》田《だ》均《ひとし》委員長が第九条に一文を加えることで最終的には
衆議院で一〇月七日に可決され一九四六年一一月三日に公布

六か月後の翌年 一九四七年五月三日に 施行され
この日は憲法記念日として 国民の祝日になりました
施行から 七〇余年が過ぎた今
高校生は日本国憲法を どのように考えているのか…
これは
今日の特別授業が 楽しみになってきましたね

2時限目
憲法とは何なのか？

集英学園高等部
集英学園高等部
今日
私の学校に
あの人が…
やって来る！

ガラ
カッ
カッ
こんにちは！池上彰です
今日の特別授業で一緒に日本国憲法について学んでいきましょう！
姿勢を正して
黙想
黙想やめ
ガタ
起立
ガタン

礼
ばっ
ばっ
よろしくお願いします
着席
ガタ
ガタ
いいね いいね
挨拶もシャキシャキしてて!
ニコ
ニコ
授業で高校生を相手にするのは新鮮だな
いつも講義では大学生を
TVでは芸能人を相手にしてるから…
はい!
はい!
はーい!
おっ!
元気がいいね 名前は?
源《みなもと》ひかるって言います
ひかるさんか 何か質問かな?

芸能人ってみんなカッコよくてカワイかったりするんですかぁ?
ガタタッ
えっ?
どうしたのみんな
どうしたじゃねえよ…
今日 池上先生がオレらの学校に来てくれてんのは憲法についての特別授業のためだろ!
そうよ!

だから いつもの授業じゃ
聞けないような話を
池上先生に聞くべきでしょ!
それをお前…
何が
芸能人ってカッコいい
んですかぁ〜?
だよ!
だって…
だってじゃねぇよ
ったく ミーハーなのも
いい加減にしろよなー
プイッ
なによぉ!
ラグビーばっかりやってる
頭の中まで筋肉の和久《かずひさ》には
言われたくなーい!
はぁー?
ちょっと
あなたたち!
幼馴染《おさななじみ》だからって
こんなところでいつもの
ルーティンのケンカ
やめてくれない?
えっ
ちょっ…

オレじゃなくて
こいつがさ…
ウチじゃなくて
和久が…
そんなの
どっちだって
いいの！
あなたたちのせいで
池上先生お困りじゃない！
お忙しい中 特別授業
してくださるなんて
普通ありえない
んだからね！
も 申し訳ない…
ご ごめん…
お騒がせしました
池上先生
あらためて
よろしくお願いします
ありがとう
僕は自分が話をするだけの
授業は好きじゃないから
みんなからいろいろな
発言をしてもらって
それで授業が盛り上がるのは
とっても嬉《うれ》しいんだけど
そこはメリハリを
つけていかないとね！
……

とはいえ さっきのひかるさんの質問にはちゃんと答えておかないと！
！
それもTVで見るよりナマだと何倍以上も『おおおーっ！』って感じになるかな
芸能人はやっぱり
カッコよくてカワイイよ！
ぱぁあ
やっぱり
そ そうなんですかあああー
約束だよ！
それとみんな池上先生って呼ぶのはやめよう！
だって今回の授業で僕が君たちの成績をつけることもないし
先生って言うよりもそうだな…
池上さんでいこう
はい！

ところで君？
名前を教えてもらえるかな？
白鳥沢《しらとりざわ》 彩《あや》です
ひとつ教えてもらいたいんだけど
彩さんにとって
憲法って何かな？
そうですね憲法とは…
法律の親分でしょうか
ほおーっ！

法律の親分か！
それはいいネーミングだ
うん
うん
彩さんはどうして
そう思うんだい？
……
何て言うか
一番上に憲法があって
その下にいろいろな
法律があるから
私たちは毎日を当たり前に
過ごせているんじゃないかなと…
確かに 憲法に違反する
法律は作れないから
その点では彩さんが言う通り
憲法はその国の法律の
親分ってことになる
でもね 憲法は
単に法律の親分である
だけじゃないんだよ
えっ？

カッ
カッ
権利の章典
君たちは世界史でこんな言葉を勉強したことはあるかな？
一七世紀半ばイギリスではピューリタン革命で国王が処刑され
一時 共和政になったものの しばらくして王政に戻ります
しかし国王になったチャールズ二世と王位を継承したジェームズ二世が
やりたい放題の政治を始めました
議会を解散せよ！

余が生きている間の再開は決して許さん！
はっ！
わかったな！
ワシはカトリック教徒としてイギリスのプロテスタントどもを駆除し
ルイ一四世が統治するフランスのような絶対王政の国を
作り上げてみせようぞ！
——イギリス・トーベイ港
これに対しイギリス議会の要請を受けたオランダの大艦隊が
一六八八年一一月にドーバー海峡を渡りイギリスに上陸

ジェームズ二世の娘の メアリー二世が嫁いだ
オランダ総督の ウイリアム三世を 新しい国王として迎え入れ
ジェームズ二世は イギリスを去りフランスに 亡命したことで
『名誉革命』と呼ばれる 無血の革命が 成し遂げられました
―一六八九年二月
議会の同意なくして 法律ないし その執行を 停止するのは違法である
議会の同意なき課税 また平時における王国内での 常備軍の設置は違法である

議会における議員の言論
討論は自由であり
いかなる場所でも弾圧されたり
問題に問われるべきではない
これら一三項目からなる
『権利の宣言』を
ご承認いただけますか？
国内の諸問題を解決し
法を修正・強化・保護するため
議会は頻繁に開催されるべきである
もちろんです
イギリスの共同統治者として
この王冠をお受け取りください

私たちは
イギリス王 ウイリアム三世と メアリー二世として
この国の幸福と栄光のために 力の限り尽くすことになるでしょう
そして 『権利の宣言』をもとに この年の一二月に議会は 『権利の章典』を発布
現在でも『権利の章典』は イギリスの不文《ふぶん》憲法 (過去の習慣や裁判の判例を積み重ねてきた 文章で表現されない憲法)の 基本になっている
権利の章典
憲法
カッ カッ
つまり!

憲法
権力者が勝手なことをしないように
国民がその力をしばり、権力者が守るもの
法律
世の中の秩序を維持するために
国民が守らなければならないもの
憲法と法律の関係は このようにあらわす ことができるんだ
そして国家権力を制限する 憲法に基づいて 政治を行うことを
『立憲主義』と言い
君たちは現在 日本国憲法がある 『立憲主義』の日本に 住んでいるんだよ
けど 池上センセ…
じゃなくて 池上さん…
サッ
……
おっ 和久君だったかな？ どうした？

その『立憲主義』ってオレらの日本だけじゃなくて憲法がある国なら
世界中全部そうなんじゃないんですか？
例えばアメリカとかオーストラリアとか
ヨーロッパとか！
ヨーロッパは国じゃないから…
えええぇっ!?
いい質問ですね和久君
今言ってくれた日本をはじめアメリカやオーストラリアイギリスやフランスやドイツなどの先進民主主義国の制度は
いずれも立憲主義に基づいています
しかし世界には…

その憲法を守ろうとすると逮捕されてしまう国があったりするんですよ
えっ
みんなもよく知っている中国にも憲法があります
しかしその前文には…
『中国の各民族人民は、引き続き中国共産党の指導の下に（中略）
人民民主独裁を堅持し、社会主義の道を堅持し（中略）
我が国を富強、民主的、かつ、文明的な社会主義国家として建設する』
と書いてあるんです
すなわち中国は憲法の下にではなく中国共産党の指導の下にある
だから憲法に明記されている言論や出版の自由を守ろうとする人は捕まってしまうわけなんだ

同じく日本の隣国の北朝鮮でも
憲法に明記されている『国民の権利』が朝鮮労働党の判断で守られないことが多々起こってるんだよ
憲法があるけど『立憲主義』とは言えない国が世界にはあるのか…
スッ
はい 彩さん
ということは戦前の日本はどう考えればいいんですか？
やはり 池上さんも今の中国や北朝鮮みたいだったと…
これもまたまたいい質問だね！

戦前の大日本帝国憲法は紛れもなく 立憲主義に基づいて生まれた憲法なんだ!
!
それは第四条に
『天皇は国家元首であり国のすべての仕事を行うことができる。ただし その場合はこの憲法の条文に基づいて行う』
と書いてあることからも
第九条で
『天皇は法律を執行するために必要な命令を出すことはできるが 命令で法律を変更することはできない』
と書いてあることからも明らかなんだよ
そんな大日本帝国憲法を作るために 一八八二年
憲法制定の中心的存在だった伊藤博文《いとうひろぶみ》は
ヨーロッパへ憲法調査に向かいました

オーストリア・ウイーン
――ウイーン大学憲法学者
シュタイン教授の家
私はフランスの憲法は
日本の新しい憲法の参考には
ならないと思っています
なぜなら 日本には天皇がいて
フランスには君主（国王）がいない

あなた方 日本にとって
もっとも参考になるのは
イギリスやドイツの
憲法でしょう
君主(国王)がいて
憲法によって
治められている国
それも
君臨すれども統治せずの
国王のもとに議院内閣制が
確立されている
イギリスの憲法ではなく
君主(皇帝)が直接
内閣の宰相《さいしょう》(首相)を任命でき
強い力を内閣や議会に
及ぼすことができる
ドイツの憲法を参考に
すべきなのです
……
ドイツですね…

一八八三年
ヨーロッパから
帰国した伊藤博文は
一八八五年
初代内閣総理大臣に
任命されました
一八八七年
横須賀の夏島にある
伊藤博文の別荘で
大日本帝国憲法の
草案をまとめます
ゴクリ…
か 完成だ！
夏島草案

ふううう…
終わった〜
ばた
ぱたん
みんな
よくやってくれた
よくやって…
カラ
これで日本も
近代国家の仲間入りが
果たせるんだ…！
その後
明治天皇も参加した枢密院《すうみついん》で
その夏島草案が審議され
一八八九年二月一一日
天皇が定めて国民に与えられる
欽定《きんてい》憲法という形で
大日本帝国憲法が
発布されました

日本は東アジアで最初に憲法を持つ国となり
天皇を中心とした立憲主義の国として第一歩を踏み出すことになったんですね
日本ってすごーい!
じゃ 今もその大日本帝国憲法で問題ないんじゃないの?
うんうん!
ガタッ
そんなことないから!
大日本帝国憲法より今の日本国憲法の方が絶対によくなってるって私は思ってる…

違いますか？
池上さん
そうだね
日本は立憲主義の国になったとはいえ
大日本帝国憲法では国民の選挙で選ばれた衆議院が可決した法案を
皇族や華族を中心に構成された貴族院で否決することができ決して十分な民主主義が保障されてはいなかった
特に 大日本帝国憲法の第一一条『天皇ハ陸海軍ヲ統帥《とうすい》ス』という条文を後《のち》の軍部が悪用し
『軍隊を批判することは天皇を批判すること』になるという理屈で国民も議会も軍隊を批判できないようになってしまったんだ
……

その反省として
日本国憲法では
天皇を日本国の象徴とし
国民が主権を
持っていると宣言
平和主義を
打ち出したんだよ
ほら
私が言った
通りでしょ！
ムー
でもね
彩さん
はい？
日本国憲法が
できてから
七〇年

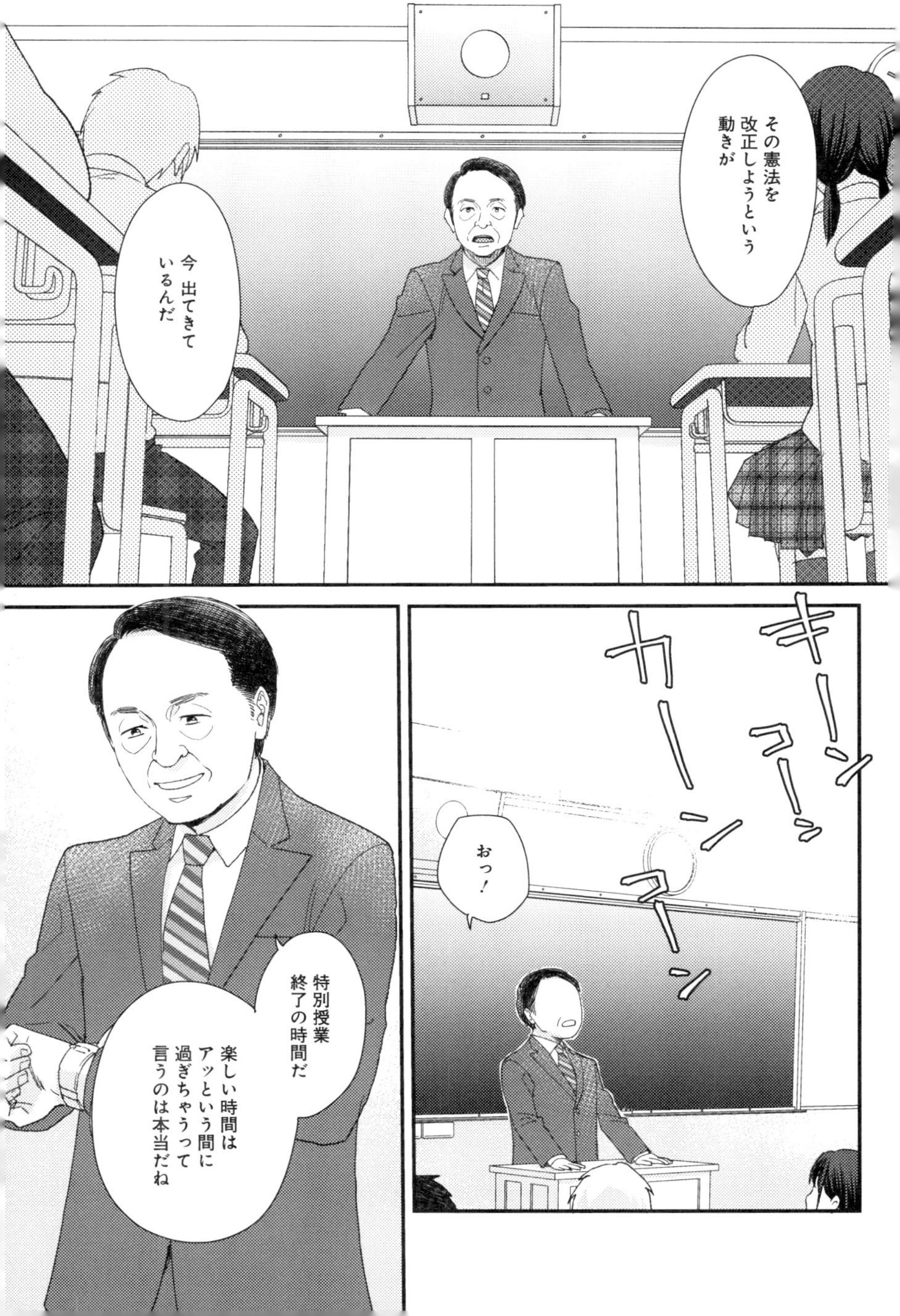
その憲法を改正しようという動きが
今出てきているんだ
キーンコーンカーンコーン
おっ！
特別授業終了の時間だ
楽しい時間はアッという間に過ぎちゃうって言うのは本当だね

僕が今回 この特別授業を是非やってみたいと思ったのは君たちにもっともっと憲法に興味を持ってもらいたいと思ったからなんだ
君たちの中で『憲法を変えよう』『憲法を変えるな』という両方の意見をぶつけ合わせて
憲法の理解を深めて憲法が大事ってことに気づいてもらいたい
それができるのがまさに君たち高校生の特権なんだよ！
！
僕はこれからも憲法についていろいろと発信していくので
みんなも憲法について日本の将来について

この特別授業を機会に考え続けてみてください
ペコ
みなさん！
よろしくお願いしますね！
姿勢を正して黙想
黙想やめ
起立 礼
ありがとうございました！

3時限目
戦争放棄について

カキーン
ワァ
ワァ
バス
ワー
ワー
こっちだ！
こっち！
ドドドッ
パシ

甘い！
甘い！
ズザー
くっそ！
うおおおおおおー！
バッ
おっしゃーーっ！

ふ―――……
よし！
ザ
今日のオレ…
ヤバイっしょ！
ワァァァァ

ザァァ
ばしゃ
ばしゃ
!! ひやっ
気持ちいいー!
ふうーっー!
和久〜 今日もどうよ?
いいね! 行こうぜ!
食べるのも練習だかんな!
今日も寄ってくぞ! いつもんとこ!
了解!
キャプテンが行くってのに行かないわけにはいかねえよな!

だよねー！
あはは
ラーメン
いただきまーす！
がつ
がつ
じゃあな！
おう！明日 学校な！サボんなよ！
お前がな！
SHUEI GAKUEN RUGBY

ただいまーっ！
五代
おかえりなさい
おう和久
今日も遅かったな
仕方ないだろ
部活だし
どさっ
オレ
キャプテン
なんだしよ
おおっ！

この前 この人 来てくれたよ！
池上彰さん
ウチの学校に
ほーっ すごいじゃないか
和久の学校は 文武両道で 頑張ってるからね
まあ お前は『武』だけかも しれないけどな…
そうね
ム
ちっ…
つまり

どうなる!?
朝鮮半島情勢
朝鮮半島を非核化するために アメリカは経済封鎖だけでなく 武力行使も辞さないという 断固たる決意を示すことで
北朝鮮を交渉のテーブルに つかせることに成功しました
それが この前の歴史的って 言われている 米朝首脳会談になるんですか?
その通りです
だったら池上先生 日本もアメリカみたいに やればいいと思うんですよ 僕は!
そっちがミサイルを 撃ってくるなら
こっちも防衛のための 攻撃を辞さない!
ぐらいの 強硬な態度でいかないと なんにも変わんないと 思うんですよね
うん うん
わかる わかる! その気持ち わかるよー!
ピクッ

米朝首脳会談の合意が守られなきゃアメリカに武力行使してもらって
それに日本の自衛隊も一緒に参加するっていうならその時はオレだって日本国民のひとりとして応援しちゃ…
か・ず・ひ・さ！
何だよオヤジ！突然 怒鳴ることねえじゃねえか！
なんだはお前の方だ！
ば ばあちゃん…？
月日が経《た》っていくとみんなこうやって

どんどん本物の戦争を忘れてしまうんじゃな…
保里誠一郎軍曹《ほりせいいちろうぐんそう》 これより 出征いたします
ワッ
祝出征 保里誠
ばんざーい
ばんざーい
祝出征 保里誠
鬼畜米英《きちくべいえい》に大和魂を見せつけてやれ！
日本国のために戦ってくるんだぞ！
武運長久《ぶうんちょうきゅう》をお祈りいたします
………

ひょいっ
どうした照代《てるよ》？
ビクッ
プイ
あたし戦争きらい！
お兄ちゃんとずっと一緒にいたい！
照代 秘密だけどな
お兄ちゃんもそう思ってる
お兄ちゃんだって戦争に行かないでずっと照代といたいさ
えっ？
じゃ…
けどな

お兄ちゃんが行かなかったら
誰が照代のいる日本を
守るんだ?
じわ…
……
安心しな
お兄ちゃんはこれまで
何回も出征したけど
いつも戻って来てるだろ
今回だってな…
お!
これだ これ!

照代がいろんな人たちに
お願いして作ってくれた
千人針《せんにんばり》があれば
武運長久
敵の弾《たま》なんて
当たりゃしないさ
ずっ
疎開《そかい》先でも
いい子にしろよ
くしゃ
戻ってきたら
また遊ぼうな!
うん!
ばんざーい
ばんざーーい
〜〜っ
たっ
たっ
お兄ちゃーん!
ばんざーい
ばんざーい
ばんざーい
ガタン
ゴトン

ようく聞いたか？
なにをよ！
お前がいた東京な大変なことになってるってよ！
大変なこと？
アメリカ軍の空襲で焼け野原になったたって父ちゃんが言ってたぜ！
！

うそよ…
そんなのうそ
ガタ…
うそなんだから！
ドン
いてっ
だっ
天皇陛下様
皇后陛下様
日本をお守りください
そして
お兄ちゃんも…

ザザッ
ザザ
大丈夫か!
パラ
パラ
ガサッ
保里軍曹!
て敵に
囲まれました!
もはや
これまで…
帝国軍人の誇りを
見せてやります!
突撃の命令を!
保里軍曹!
……っ

駄目だ！
！
犬死には許さん！
まずは撤退し
味方の陣地まで
戻るんだ！
しんがりは俺がつとめる！
早くしろ！
これは命令だ！
わ　わかりました！
ザ
ザザザ
うおおおおー！
それから
しばらくして

日本は負け
戦争が終わり
おばあちゃんも疎開先から
東京に戻って来たんじゃ…
……
もちろんな
戦争が終わって
平和になって
おばあちゃんは
それはそれは本当に
嬉《うれ》しかった…
じゃけどな…
ブロロロロ
ギブ ミー
チョコレート！
ギブ ミー
チューインガム！
わあっ

わあっ
バラバラ
サンキュー！
サンキュー！
きゃっきゃっ
ヘイ！
ハニー！
ドウー ユー
ウヮナ ディス？
プイッ
わー
オッ
わー
ヤーヤー
……
とぼとぼ

お父さん！
お母さん！
タッ
お兄ちゃんが
帰って来たの？
保里
！
……？
君が
照代ちゃんか？

保里軍曹が
言ってた通り
かわいい子だな
うん
うん…
？
ねえ
お兄ちゃんはどこ？
どこにいるの？
ストッ。
………
保里誠一郎軍曹は
フィリピン戦線において
名誉の戦死を
遂げられました！

最後の最後まで
犬死にするな
生きて日本に帰るんだと
我々に言い続けながら…
ウッ
待ち伏せしていた
敵兵の銃弾に倒れ…
ううっ
スッ
これが
これが保里軍曹の
形見の品に…
……！
武運長久
ブル
ブル
遺骨を持ち帰れず
申し訳ありません…

あ
あ
……っ
おにいちゃ…ん…
あ
あ
お兄ちゃんがいない平和は
おばあちゃんにとって
何の意味もなかったんじゃ…
……
そんな時じゃった
学校で憲法の話を
勉強したのは…
戦争放棄
日本は二度と戦争を
経験したくない
誰もが二度とこんな
恐ろしい 悲しい思いを
したくない

戦争の反省が新しい憲法に活《い》かされるって聞いた時
おばあちゃんは ようやくお兄ちゃんが死んだ意味がわかったんじゃ…
お兄ちゃんは日本を平和にするために死んだんじゃよ
じゃから この平和をずっと守っていかないと
あたしは死んでいったお兄ちゃんに合わせる顔が…
最近は何かゲームでもしているように
戦争して相手をやっつけて言うことを聞かせちゃえばいいっていう声が大きくなってきてる…
………
じゃけどなもし

本物の戦争になったら
戦場で生きるか死ぬか
そんな選択をしなくちゃ
ならなくなるのは
今の和久みたいな
若い者なんじゃよ…
……！
すまなかったね…
年寄りの湿っぽい
話をしてしまって…
悪いけど
あたしは先に
寝させてもらうよ…
パターン

和久…
お前の名前
おばあちゃんがつけてくれたのは聞いたことあるよな？
うん…
永久にこの平和が続きますようにっていう意味が
お前の名前には…
僕は絶対に強硬策支持派だね

そんなことをしたら
本当に戦争になっちゃう…
戦争では何にも
解決しないよ！
いやぁ
戦争は究極の外交手段って
言うじゃないか！
だからって
そんな短絡《たんらく》的な
思考で…
コホン
よろしいですか
みなさん
これに関しては
それぞれ いろいろな
意見があるかと思います

そこで 一度 日本の戦争放棄の原点となる 日本国憲法第九条について
振り返ってみたいと 思いますが いかがでしょうか?
いいですね! それ! 第九条って言われても 僕 年末に歌う第九を 思い浮かべちゃいますからね
どっ
それでいきましょう それで!
賛成でーす!
池上さん お願いしまーす!
わかりました
それでは これが日本国憲法の 第九条になります

パッ
日本国憲法第九条
日本国民は、正義と秩序を基調とする
国際平和を誠実に希求し、国権の
発動たる戦争と、武力による威《い》嚇《かく》又は
武力の行使は、国際紛争を解決する
手段としては、永久にこれを放棄する。
②前項の目的を達するため、陸海空軍
その他の戦力は、これを保持しない。
国の交戦権は、これを認めない。
………

きゅっ
和久 今日も行く？
悪い！ 今日はやめとくわ！
ま マジ？
おうっ
じゃ お先！
どうしたんだ 和久のヤツ？
腹とか 痛いんですかね？
わからん

当店オススメ
池上彰コーナー
おっ
あったあった!
これこれ!
そうだったのか!日本現代史
池上彰
高校生からわかる「資本論」
池上彰の講義の時間
池上彰
CASHIER
RUGBY

4時限目
日本国民の権利と義務

一学期 期末テスト
三時限目 現代社会
三−C
カリ
カリ
カリ
設問Ⅲ　日本国憲法が保障している自由権は、大きく分けて
「身体の自由」「精神の自由」「経済活動の自由」の三つになります。
次のA～Cは、それらのうちのどれにあてはまるかを答えなさい。
A 好きな場所に住み転居することができる。
どのような職業も選択することができる。
自分の財産を持ち使うことができる。
（経済活動）の自由
B 奴隷のように扱われたり労働させられたりしない。
裁判所または裁判官の令状がなければ逮捕されない。
拷問によって自白の強要をされない。
（　身体　）の自由
C いかなる思想を持っても宗教を信じてもよい。
言論や出版などの表現活動を行ってもよい。
どのような学問や研究をしてもよい。
（　　　）の自由
ピタ
……

いいですねぇ
日本国憲法の
第二三条は…
池上さん
何がいいんですか？
いいですか
みなさん よーく
聞いててください…
んんっ
学問の〜
自由はこれを〜
保障する〜

あっ
これって
もしかして
五・七・五…
そうなんです
俳句と同じ
リズムなんですよ
ほんとだーっ！
おもしろーい！
ですよね
絶対に忘れないですし
私もこれが日本国憲法の
中で一番好きな条文の
ひとつなんです
あの時の池上さん
楽しそうだったな…
くす
くす
そうそう
これも…
設問Ⅳ　日本国民の三大義務をすべて答えな
ところで君たちは　小中学の時
お母さんやお父さんに
『勉強しなさい！
学校は義務教育なんだから
勉強するのは　あなたたちの
義務なのよ』
なんて言われたり
しませんでしたか？

はい はい はい！
オレんちなんていつも言われてました
ガタッ
どっ
義務教育
カッ
実は この義務とはお母さんやお父さんの義務のことなんですよ
えええええ〜
戦前はね 農作業をしたり弟や妹の面倒を見たりと家の手伝いをするために
学校に行きたくても行けなかった子供たちがたくさんいたんです…
だから 日本国憲法の第二六条では教育を受けさせる義務を明記しているんです

くそー…！
騙《だま》されてたのか！
安心してください
日本国憲法には君たちが教育を受ける権利も明記されてますから！
ストーン…
マジっすか…
あははは
IV 日本国民の三大義務をすべて答えなさい。
教育 勤労 納税
スラ
スラ
♪
三ーB
？？

和久！
SHUEI GAKUEN
RUGBY
ど
どうだった？
現社のテスト？
ニヤリ
!?
ゴソゴソ

じゃーん!
そうだったのか!
日本現代史
池上彰
それって…
池上さんの本?
ドヤァ
そう!
オレ これ読んで
今 勉強中!
ガーン
も もしかして
和久
テストできた
ってヤツ?
でも 全部読み終わらな
かったんだよなー
だから 最後は
鉛筆で神頼み!
スッ
よかった〜
ほ〜っ
よかったって
何だよ?
だって できなかったの
私だけじゃ
なかったんだもん
てへ★

できなかったってなぁ
オレは半分ぐらいはな！
私だって
それぐらい
できてるし！
ちょっと邪魔《じゃま》よ
五十歩百歩の
お二人さん
くわっ
ちょっと
待てー！
どっちが五十歩で
どっちが百歩だ！
ポイント
そこ？
ぐぬぬ。
スタ
スタ
くそー！
このモヤモヤは
テスト期間中で
休みだった部活で
晴らしてやらー！
ずん
あっ！
和久！
ずん

もう…
ひ・か・るー！
これからみんなで
期末の打ち上げ
行くんだけど～
甘いの食べに
いこー
Sweets♥
いく――♪
テストも終わった
ことだし…
私も今日は…
ボランティア
同好会
ガラッ
準備はいい？
みんな 行きましょう！

ダァーン
ガシャーン
………

ギュ
囲め！
囲め！
くっ！
ビタ
こっち！
こっち！
よしっ！
!!
びくっ
！

攻守交代！
攻めるぞ！
させるか！
くそーっ！
うおおおおおー！

バタッ
きゃっ！
うわっ
ナイスタックル！
そお〜〜…
ほっ…
あー！
また山越《やまこし》にやられたー！
あいつのスピードは
世界レベルだから
ちくしょー！
次は負けねえぞ！
白鳥沢先輩 これって
パラリンピックの
競技ですよね？
ギュン
そうだって
聞いてたけど…

ウィルチェアーラグビーが
こんな激しい競技って
彩さん 知ってました？
ううん…
私も
全然…
お待たせしました
山越 登《のぼる》です
はじめまして
集英学園高等部の
ボランティア同好会の
白鳥沢彩です
はじめまして

今日はウィルチェアーラグビーについて 私たちの同好会会報にまとめて 学校のみんなに読んでもらいたいと取材にお伺いさせてもらいました
いろいろと教えてもらえたらと思っていますのでよろしくお願いします
よろしくお願いしまーす
はーい
こちらこそ
山越 嬉《うれ》しそうじゃん
JKの取材だもんな
いいよな 日本代表候補選手は…
うるせえ！
お前たちは自主練でもしてろ！
つたく 俺と同じぐらい上手《うま》くなってからギャーギャー言えよな！
はいはい
じゃね いい感じでウィルチェアーラグビーのこと まとめてよね！
ごめんね
アイツら…
いえ！
それでは まず ウィルチェアーラグビーってどんな競技か教えてもらえますか？
REC

そうだね パラリンピックの車イス競技としては陸上やバスケがよく知られてるけど
このウィルチェアーラグビーは一九九六年のアトランタパラリンピックで公開競技になって…
二〇〇〇年のシドニーパラリンピックから正式採用された
比較的新しい競技になるんだよね
ボールはバレーのボールをもとにして作られていて
選手はケガの予防も兼ねてゴム製のグローブを着用
試合は 一試合が一ピリオド八分間で前半二ピリオド後半二ピリオドの計四ピリオドで…

コートの大きさはバスケと同じ
パ
シャ
簡単に言うと相手のゴールエリアをボールを持った選手が乗っている車イスのふたつの車輪が通過すると得点が一点入るってルールなんだ
それに車イス競技の中で唯一タックルが認められてる…
実は
「マーダーボール」って昔は呼ばれてた競技なんだよ
殺人球技ですか…
ひくっ

じゃ
乗ってみようか！
ニコーーッ
え？
乗ってみるって…
もちろん車イスに！
取材だったら
体験しないと
ダメでしょ！
おーーい
ボクのスペアの車イス
持ってきてもらえる？
ええっ
ちょ ちょっと
ちょっと…
ドキ
ドキ
パシャ
パシャ
まずは
ボクの後について来て
もらえるかな！
は
はい…

ミャアア〜
や
山越さーん!
ぐる
ぐる
回っちゃう〜〜っ
両手に入れる力と
前に車輪をまわす
タイミングを
一緒にしてみて!
は
はい…
ぐっ…
ぐん
きゅるん
ぱっ
す 進んだ!
そうそう!
いいよ いいよ!

次はボールね！
と捕れました！
ほーーっ
…あ
あれ？
のろ…

ボールを
太ももの上に置いて
車輪をまわして！
は はい！
シャアア
あっ！
言い忘れてたけど
ボールを持ったまま
一〇秒経《た》つと反則だから
えっ！
は 反則ですか？
そうならないように
自分で一度ドリブル
するか 他の人に
パスしないと！
あっ
えっ
あっ
あたふた
てんっ
あっ…

す すみません…
ぱしっ
気にしない！気にしない！ボクも最初はそうだったから
や 山越さんがですか？
そうだよ！ボクだけじゃないここにいるみんなが全員ね！
みんな ウィルチェアーラグビーと出合えたからここまでやってこられたんだ
知ってるかい？一九六四年の東京オリンピックの時からパラリンピックって言葉が使われるようになったたって？
い いえ…
そうか…パラリンピックのはじまりはね

一九四八年イギリスのロンドン郊外にあるストーク・マンデビル病院で開かれた大会までさかのぼるんだよ
当時のストーク・マンデビル病院には第二次大戦の戦闘で脊髄《せきずい》を損傷した多くの負傷兵が運ばれてきていた
そうした負傷兵たちの社会復帰をスポーツによって促していったのが ルードウィッヒ・グットマン博士で
この時 参加者一六名の第一回ストーク・マンデビル大会が開催されたんだ

一九五二年の第五回大会には
オランダの選手が
参加するようになって
そこからストーク・マンデビル
大会は国際大会になって
さらに多くの国から参加者が
集まるようになっていくんだ
1952 5回
ストークマンデビル大
ついに一九六〇年
イギリス以外の国
イタリアのローマで
開催されることになった
一九六〇年の
イタリアのローマって
もしかして…
そう!
この時から国際ストーク・
マンデビル大会は
オリンピックの後に
開催されるようになったんだ

そして 四年後の一九六四年
東京オリンピックにあわせて
開催された国際ストーク・
マンデビル大会は
対麻痺者《ついまひしゃ》(両下肢《りょうかし》麻痺者)を
意味する『パラプレジア』と
『オリンピック』が
組み合わさった
『パラリンピック』と
呼ばれる障がい者スポーツの
祭典となっていく
この東京パラリンピックを
実現させたのが
整形外科医の中村裕《なかむらゆたか》先生
この人がいたからこそ
日本の障がい者が社会復帰し
自立するための第一歩が
踏み出されることになった
NIPPON
だから ボクは二〇二〇年の
東京パラリンピックで
メダルを獲《と》りたい

それも金メダルが！
金メダルをですか？
パン
ああ
それが障がい者と健常者が当たり前に暮らしていける
未来の日本につながっていくって信じてるから！

それでは 集合写真を撮らせてもらいまーす
はーーい
自動撮影でいきますんで ランプが点滅したら カウントダウン よろしくお願いしますね！
はい！
ピピッ
イチ・ニ・サンッ
ダーッ！
信用金庫

スタ
スタ
……
彩さん?
うん?
えっと
今日の山越選手って
イケメンでしたよね!
そうね…
あッ
彩先輩
うん?
さっきの集合写真
いい感じで撮れてるん
ですが 見ませんか?
うん
!

ふら～
後でね…
!!
ガシャン
困りますよね
こういう
自転車の置き方って
ホント 自分の
ことしか考えてない
って感じで…
ガシャ
ガシャン
ねえ
みんな
ははい!

次の同好会会報 今回の取材だけじゃなくて
そこに日本国憲法をからめてみない？
ウィルチェアーラグビーと…
憲法をですか？
うん…
私たち これまで いろんなボランティアを してきて
それを同好会会報にして 学校のみんなに読んで もらってきた…
それはそれですごく いいと思うし これからも ずっとやっていかなくちゃ ならないことだと思ってる
けど 今日

ウィルチェアーラグビーの
山越選手と話してみて…
それが この前の特別授業で
池上さんが言ってたことと
つながった感じがしたの！
私は 日本国憲法の
第一一条と第一二条を読むと
厳粛な気持ちになれるんですよ
第一一条
国民は、すべての
基本的人権の享有《きょうゆう》を
妨《さまた》げられない。
この憲法が国民に保障する
基本的人権は、侵《おか》すことの
できない永久の権利として、
現在及び将来の国民に
与えられる。
………

第一二条
この憲法が国民に保障する自由及び権利は、国民の不断の努力によって、これを保持しなければならない。
又、国民は、これを濫用《らんよう》してはならないのであって、常に公共の福祉のためにこれを利用する責任を負う。
つまり憲法が保障する自由と権利は
『国民の不断の努力によって』保持していかなくてはならないものなんです
権利の上に安住してはいけない自由と権利を努力して守りなさい
日本国憲法は キミたちにそう言っているんだと私は思っているんですよ
私…

日本国憲法があるから障がいがある人たちの自由や権利だって 私たちと同じように当たり前に守られてるんだって
これまでは思ってた…
……
でもそうじゃない！
さっき 山越選手が言ってた『二〇二〇年の東京パラリンピックでメダルを獲りたい』っていうのは
池上さんが言ってた憲法第一二条の『不断の努力』そのものなんだって！

だー
彩先輩！
僕もその池上先生の特別授業出たかったです…
ぎょっ
あれって全学年での抽選だったじゃないですか
僕 抽選で落ちちゃったんで出られなかったんですけど 池上先生がそんな話をしていたなんて あーー！出たかったーー！
ぐしぐし
池上先生じゃなくて池上さんだけどね…
私も言われちゃったけど…
スチャ
やりましょう彩先輩！
僕らボランティア同好会はこれからはもっとまわりの人たちを巻き込んでもっといろんなことをしていくべきなんです！
うん！
実は僕にプランがあるんです

具体的にはですね 現在の日本国憲法の基本的人権には明記されていない『プライバシー権』や『環境権』…
さらには 日本の人口が減っていく中 外国人受け入れの拡大による日本のダイバーシティ化や海外では大きなうねりになってきているLGBTを例にし 憲法の視点から平等や差別について掘り下げていき…
ペラ
ペラ
ペーーラ
わたしも いろんなこととしていくの賛成でーす！
でも…
でも？
わたしは もっと ボランティア同好会を知ってもらって
人数を増やして ボランティア部にしていきたいな
ボランティア部に？
だって 彩さんが三年で卒業しちゃったら
残ってるのは 二年のわたしたち二人になっちゃいますよね？
このまま新しいメンバーが入ってこなかったら ここ なくなっちゃうかもしれないじゃないですか！
ぶっ
ぶつ

そんなの寂しいじゃないですか！
！
わかった！
あと一年ないけど一緒にやっていきましょう！
がしっ
はい！
置いてっちゃうよー
待ってくださいよー！
そうそうさっきの集合写真見せてもらえる？
了解です今出しますんで！

はい！
彩先輩　これです！
いい感じでしょ！
うわあー

5時限目

憲法改正と18歳の選挙権

ふんふん
ふふーん♪
ふん…
あっ!
ひょーっ
和久ー…

……
くるっ
スタ
スタ
スタ
スタ
ひかるー!
どーしたの
急いで
あれ?
何か 元気なくない?
もしかして
和久とまたケンカー?
ひかるらしく
なーい!

ぱっ
ぶわっ
みんなー！
がばっ
わー
ちょっと
エエエエエエー！
カラオケ
カラオケ
あの彩と和久が…
信じられない…
あははー
まるで美女と野獣…
はうっ
まだ つき合ってるって決まったわけじゃないから…！
ねっ

こういう時はパーッと！
歌って忘れるしかないでしょ！
ほらっ
ひかる
キュッ
はっ
歌っちゃいまーす！
イェ〜イ
和久のバカバカバカバカ
バカ野郎ー！
508
カラオケ
カラオケ

××公園
元気出しな ひかる!
うん! みんなありがと!
ウチらいつでもつき合うからね
私 いつも通り こっちから行くね!
また明日な!
うーん!
ばいばーーい

持つべきはやっぱ友！
幼《おさな》馴染《なじみ》なんかじゃないんだから！
ガサッ
えっ？
くるっ
もしかして
チカン注意
ぎゅっ
チチカン…
がしっ
ビクッ
きゃっ！

よっ!
……!?
ひぐっ
どうした?
はあぁ～
なによっ
和久じゃない…
また いつもの
メンバーと一緒?
ちょっとストレス解消に
カラオケにつき合って
もらってたの!
たっ
ふーん…
そういや

そろそろ誕生日じゃねえ？
覚えてるんだ…私の誕生日
当たり前だろ！
昔からお前がちょっと早く年上になるからムカついて覚えちまった
和久 早生まれだから一八歳になるの来年だもんね！
くわっ
るせえな！
ちくしょー
…ところでさ
最近 和久さ なんか いつも その あの子と 一緒にいない…？
もしかして彩のこと？

彩って…何？
呼び捨てにする仲？
ははーん！
もしかしてお前
妬《や》いてるの？
妬いてなんか
ないわよ！
プイッ
じゃ なんなんだよ！
オレが話しかけりゃ
いつもいつもつっかかって
きやがってよ！
それは
和久の方でしょ！
あーん？
もうひとりで帰る！
ついてこないでよね！
ふんッ
はあ～？
ついてこないでって
家 ほぼ同じ方向だろ！
だったら和久が
まわり道しなさいよ！
私が先歩いてるんだし！
ああ！
そうするよ！

また 和久と
ケンカしちゃった…
はぁ――…

カサ…
何でいつも
こうなるんだよ…
はぁ〜…
ガチャ
ただいまー！
あれ？
パパは？
MINAMOTO

今日は仕事で
遅くなるって
おかえりー
ふーん…
あ！ママ！
これ
市内特別
郵便
市議会議員選挙 〇月×日
投票所入場券在中
〒000-0000
ああ〜
今度の
市議会議員のね
ひかるちゃん
開けてもらえる？
？
え？
だって
パパ宛だし…
大丈夫よ
パパとママの投票所入場券も
入ってるけど
きっとひかるちゃんのも
入ってるはずだから
エッ？
ぴらっ
選挙
源 ひかる 様

ほんとだー…っ
あのひかるちゃんがもう一八歳になるのねぇ…
うふふ♥
ぴーーん！
三ーB
和久！
なんだよ…
ウルセーなァ
昨日家に帰ったらこれが届いてたの！
市議会議員選
選挙
ジャーン！
うおっ
これって…
ひょいっ
ダメ！私のだから！

ママに調べてもらったら投票日の次の日までの誕生日の人には送られてくるんだって！
つまり…
ふふーん♪
私はもう大人！子供の和久とは違うってこと！
……
ガタッ
な何か文句でもあるの？
ヤバイな…
ぐっ…
エッ？
お前 これって ヤバ過ぎだろ！
何なに ナニー！
ダッ

三−C
なっ！
いいだろう？彩！
確かに…いいわね！
それ返してよ！
あなたも私たちと学園祭で『キミボク憲法』やらない？
キミボク憲法？
ナニソレ？
ったく この前の池上さんの特別授業が終わった後 聞いてなかったのかよ！

あなたは その場に いなかったけどね
おおっしゃる 通りで…
あの時 池上さんとね 私 最後にこんな話をしたの…
ざわ
ざわ
ガラ
みんな お先ーッ!
和久 またね!
はっ
池上さん!

私が やりますんで…
いいよいいよ 一番お世話になった僕が 責任を持って消しておくよ
私たちも お世話に なりましたから
ありがとう！
ぱん
ぱん
うーん…
どうしたんですか？ 池上さん？
今思うと この特別授業の タイトル 何だか一方通行の 気がするんだよね…
一方通行ですか？
特別授業
『君たちの日本国憲法』
@私立集英学園高等部

キミたちのって書いてあるんだけど 何か他人行儀な感じがしてて本当にキミたちのためになったのかな…
うぅ～ん
……
ちょっと それお借りできますか？
カキ
カキ
？
これでどうですか？
特別授業
『君たち(とボクたち)の日本国憲法』
@私立集英学園高等部
キミたちとボクたちの日本国憲法…
これは…
本当はキミたちと私たちにしようと思ったんですけどゴロがイマイチだったんで
キミたちとボクたちで『キミボク憲法』
………

こうすると池上さんも私も特別授業に参加した仲間って感じがしますよね！
いいねこれ！
何かスッキリしたよ彩さん！
よかったです！
この『キミボク憲法』今度使わせてもらってもいいかな？
いいですけど…
けど…？
私にも使わせてくださいね！
もちろんだ！
約束ですよ！
それで 私は
ボランティア同好会でこれまでとは違ったことが学園祭でできないかなって思ってたら
いいアイディアが浮かんできて…

五代《ごだい》にちょっと相談してみたら ラグビー部も一緒に やろうってことになってね
まあ オレも色々あってさ 池上さんの本も 読ませてもらったし 特別授業でお世話になって 何にもしないでいたら バチが当たるかなって…
そうだったんだ…
なーんだ……
バチは当たらないでしょ…
ハハハ…！
あなた
もしかして 勘違いしてない？
え？
誰もあなたたちの 恋路《こいじ》を邪魔しないから 安心して！
ひそ
ひそ
……っ
かぁっ

私 馬に蹴られて死にたくないしね！
まあ それはいいとして あなたには投票に行ってもらうから！
ぽんっ
その体験を 学園祭の『キミボク憲法』で活《い》かしてもらうわよ！
馬に蹴られて死ぬって何？ 和久 わかる？
うーん わからん！
……
うん
うん
ふぇぇぇ〜〜〜っっ
——数日後

市議会議員候補 一二三《ひふみ》あゆみ! 一二三あゆみ!
みなさまの一票を よろしくお願いします!
一二三あゆみ
ザワ
ザワ
へーっ!
ショッピングセンターでも こうやって投票できるんだ!
投票率を上げるために公職選挙法が改正されて
今は人が多く集まるショッピングセンターや駅 大学のキャンパス内にも投票所が設置できるようになったの
ふーん…
それに最近は選挙の告示日の次の日から投票日の前日までの
期日前投票を活用する人も多くなってきてるみたい…

で 今回
その期日前投票ってのを
あいつに体験してきて
もらおうってわけだな！
うん…
大丈夫かな
ぎく
しゃく
出口
お お前
大丈夫か！
しっかりして！
ヨロ…
ほら
これ 飲めよ！
ふぃーっ

ぷはあああぁー！
き 緊張したー！ もう頭真っ白で…
頭真っ白って 私たちの中で 投票できるの
一八歳のあなた だけなんだから…
大丈夫 大丈夫！ それはちゃんと 覚えてるから！
まずね 入口を入ったところに 何か書く場所があるの…
宣誓書の記入ね？
宣誓書って 何 それ？
投票日当日に 投票する場合には 書かないんだけど
期日前投票の時には 投票日に投票に行けない 理由を明らかにしなくちゃ ならないって決まってるの
えー
なんか面倒 くさくねえ？

そうでもなかったよ
だって 住所と氏名と生年月日を書いて理由を選択してチェックするだけだったから！
・職務又は業務（仕事、学業、地域行事の役員、家事）
・冠婚葬祭（本人又は親族、仲人・司会・手伝い等）
（投票区外に）・外出 ・旅行 ・滞在
・病気 ・負傷
該当するものを○で囲んでください
投票事由
学業とか 仕事とか冠婚葬祭とか 旅行とか書いてあったけど
私は旅行にチェック入れちゃった
へー
マジ！それだけでいいんだ！
これも投票率を上げるための投票の簡素化の一環なのね
ひかる その後は？
カチ カチ
えーと…
お預かりします
受付

ピッ
源ひかるさんですね？
は はい！
ビー
これが投票用紙になります
スッ
ありがとうございます
向こうに並んでいる記帳台で投票する候補者の名前を記入し投票箱に入れてください
わかりました

一二三あゆみ
山中まちこ
わたり健
よーし…
投票用紙を二つ折りにして投票箱へお願いします
わ わかりました

ドキ
ドキ
投票
ストン
で それがさっきの
右手右足 左手左足歩行に
なるってわけだ！
ムッ
ポコ
もーーっっ
和久のいじわる！
和久だって
やってみれば
わかるんだから！
ポコ
スッ
あなた
よかったわね
いい体験が
できて…

それを 学園祭で みんなにも伝えて あげましょう！
でも できるかな 私…
できるって！
なんたってオレら三人 あの池上さんの特別授業に 出てたんだからよ！
サッ
スッ
そうね…
………
うん！

私もやってみる！
ぎゅっ
フ〜〜ン♪
ちょっとー
ひかるーっ

――二学期
集英学園高等部祭
キミボク憲法！
投票箱
高校生にも身近な日本国憲法！
三大原則の国民主権・基本的人権の尊重
平和主義って何？
13時〜大ホール　15時〜体育館へ急げっ！
by ボランティア同好会&ラグビー部&三年女子有志一同

6時限目

日本国憲法を知るということ

わいわい
集英学園高等部
ザワ
ザワ
キミボク憲法でーす！
よろしくおねがいしまーす！
どうぞ！
キミボク憲法！
高校生にも身近な日本国憲法！
三大原則の国民主権・基本的人権の尊重
平和主義って何？
13時～大ホール
15時～体育館へ急げっ！
一三時から大ホールで
日本国憲法の第九条を
『平和主義』の原則から
掘り下げてみようと思ってまーす

その後 みんなで第九条を改正するのがいいのかしないのがいいかを…
えーと…
なんだっけ…
キミボク!
『国民主権』の原則…
ひそ ひそ
??
そうそう!
その『国民主権』の原則でみんなに政治の主役になってもらうために国民投票をしてもらいまーす!
模擬《もぎ》が抜けてる!
あーっ
そのモギ国民投票ってのでーす!
くす
くす
クレープ

ねえ キミたち 何年生？
えっ？
高二ですけど…
じゃ 来年 一八歳だよね？
コクン
だったら その時 はじめて選挙に行って 右手右足左手左足歩行に なっちゃうより 一度 経験しておいた方が いいんじゃないかな…
右手右足 左手左足歩行？
ぎく しゃく
やめてー！ その話はナーシ
イヤーン
痛《い》てててて…
ポカ ポカ
またいつものが はじまったみたい…
チラシ どうぞー

と、とにかく一度来てみない？
オレに会いに！
は はい…
大ホールで待ってるよー
はっ
あ いや その ほら 大ホール いっぱいにしたいだろ…
知らない！

おっ！
似合ってるじゃん！
と 当然でしょ！
つけてるのが 私なんだし…
だな！
ぽんっ
えっ？
か・ず・ひ・さー！

あら〜
ギッ
ザッ
和久のおじさんにおばさん！
お久しぶりでーす
ぺこ
こんにちは
まーひかるちゃん
いつも和久がお世話になって
いえいえ私は全然…
お世話してるのは オレの方だし…
お前は黙ってろ！
ちぇ
コッ

あーっ
照代おばあちゃん？
コツ…
覚えてますか？
幼稚園や小学校の時
よく遊びに行ってた…
ええ ええ
ひかるちゃんね
ちゃんと覚えてますよ
うわー！
あの頃はこんなに
小さかったのに…
それ小さすぎ
ですよー！
きゃはは☆
そうかい？
もーっ
照代おばあちゃん
全然変わってなーい！
ひかるちゃーん！
あっ！
ママー！
ひかるちゃんの学校
幼稚園から小中高校
まであるから
ママ久しぶりでちょっと
迷っちゃったわ〜
ふー

あら〜
どうも〜
あれ〜
パパは？
キョロ
パパ 急なお仕事が入っちゃったみたいなの…
えぇ〜〜…
そうなんだ…
しゅん…
なあ 彩！オレら学園祭の案内しながら先に行こうかなと思ってんだけど…
問題ないわよ
そうか！ありがとな！
ぽんっ
そのかわり
大ホールに集まった人全員ちゃんと体育館に連れてきなさいよね！
にっこり
……

大ホールでの模擬国民投票の後体育館での『基本的人権の尊重』で日本国憲法の三大原則を全部知ってもらうのがキミボク憲法の流れなんだからね！
わかってるっつーの!!
当たり前だろ！ラグビー部のキャプテンに任せろってんだ！
キミボク
私のもお願い！
あとで大ホール集合ってことで！
ひかる 粗相《そそう》がないようにね！
そそう？
将来のお義父《とう》様とお義母《かあ》様 そして おばあ様に！
おーい？
そ そんなんじゃないんだからー！
あはは
キミボク憲法でーす！ボランティア同好会とラグビー部と三年女子有志一同によるイベントでーす！
一三時からは大ホールで一五時からは体育館で…
ざわ
ざわ

今年の夏休みに部活動をしながらその合間で僕たちは

いろんな人たちに
太平洋戦争について
聞いてきました
そこで
みなさんが
一致していたのが
太平洋戦争が終わってから
日本が平和で繁栄し続けて
こられたのは
日本国憲法の第九条が
あったからということでした
しかし同時に
多くの人たちが
日本が再び 戦争に
巻き込まれていくのでは
ないかという不安を感じて
いるのも事実になります
なぜなら 今その第九条を
変えてしまおうという流れが
大きくなっているからなのです!

これが各主要政党の主張一覧です

自民党	第九条一項は自衛権の発動を妨げるものではなく、内閣総理大臣を最高指揮官とする国防軍を保持。
公明党	戦争の永久放棄、平和主義の定めは守りつつ、自衛隊の存在や国際貢献について議論していく必要。
共産党	国民の合意での憲法第九条の完全実施（自衛隊の解消）に向かっての前進をはかる。
立憲民主党	集団的自衛権の一部の行使を容認した安全保障法制は憲法違反であり、自衛隊を明記する規定を追加することには反対。
日本維新の会	（教育無償化、統治機構改革、憲法裁判所の設置という３点に絞り込み）現行憲法を、時代の変化に合わせ、改正。
社民党	国連憲章の精神、憲法の前文と第九条を指針にした平和外交と、「人間の安全保障」の観点に立ち、非軍事・文民・民生を基本。
国民民主党	従来の憲法解釈を恣意的に変え、野放図に自衛権の範囲を拡大する立場はとらず、厳しさを増す安全保障環境の中で現実的な対応を。

※各政党の公式サイトを参照（2018年12月現在）

同じ与党であっても自民党とは違い公明党は自衛隊の明記に慎重姿勢
一方 野党の間でも改正が必要と言っている党に絶対に認めないと言っている党もあるなど 様々な主張があるのが現状です

だからこそ
キミボク憲法を機会に
みなさんに第九条について
あらためて考えてもらえたらと
そう思っているんです
ざわ
ざわ
ざわ
よし!
ここまでは順調!
池上さんの本
読み込んでおいて
よかったぜ!
あとは このまま
ひかるの模擬国民投票に
バトンタッチできれば…
ちらっ
何かヤバイ
ヤバ過ぎ!
く〜っ
今のオレって何か
池上さんぽくない?

君はどうなんだい？
へっ？
ええっ
パ…
パパー！
コッ
コッ
ひかるのお父さん！
あなた！こっち こっち！
あなた突然どうしたの？
仕事が思ったより早く終わったんでな…間に合ってよかった

続きになるが
私は自衛隊が一生懸命
やってると思ってるんだ
……
三・一一の東日本大震災しかり
最近の自然災害での支援活動しかり
海外での国連平和維持活動しかり…
私は第九条に
明記してあげても
いいんじゃないかなと
和久君は？
これについて
どう思うのかな？
…っ
どう思うって
こんなの想定外！

ザワ
ザワ
このままじゃ
ここまでみんなでやってきたキミボク憲法が…
ザワ
ザワ
池上さん!
僕が今回 この特別授業を是非《ぜひ》やってみたいと思ったのは
君たちに もっともっと憲法に興味を持ってもらいたいと思ったからなんだ
君たちの中で『憲法を変えよう』『憲法を変えるな』という両方の意見をぶつけ合わせて

憲法の理解を深めて憲法が大事ってことに気づいてもらいたい
それができるのがまさに君たち高校生の特権なんだよ！
僕はこれからも憲法についていろいろと発信していくので
みんなも憲法について日本の将来についてこの特別授業を機会に考え続けてみて下さい
みなさん！よろしくお願いしますね！
池上さんからいろいろ教えてもらって
オレ自身が考えてきたこと…
オレ…

オレも
自衛隊は今の日本にはなくてはならない存在だと思ってます
ほう…
けど オレたちのために頑張ってる自衛隊は
イコール戦うためだけの自衛隊じゃないんだと思うんです
そんな自衛隊だからこそオレは憲法に明記するべきじゃないと
………

オレは日本国憲法の第九条を守りつつ今の自衛隊の存在も認めていける
そうしたやり方をこれからも考えていきたいと思っています
……
まさに高校生っていう青臭い回答だ…
だがそういうのは嫌いじゃない
参考にさせてもらうよ
!

貴重なご意見
ありがとうございました！
それでは ここで
国民投票の説明に
バトンタッチさせて
もらいます
パン
どき
どき
頑張れー！
ひかるちゃーん！
パパ…！！
くしゃぁ
あなた！
邪魔しないの！
もうっ！
すすまん…
くす
くす
すー
はー

二〇〇七年に国会で
可決成立して
二〇一〇年から施行された
憲法改正国民投票法によると
憲法改正の手続きは
このような流れになってます
①国会における
憲法改正原案の起草
←②国会による審議
←③各議院の総議員三分の二
以上の賛成による発議
←④国民への提案
←⑤国民投票
←⑥天皇による公布
そして 国民投票では
ひとつの憲法改正案に対して
一枚の投票用紙が配られる
個別投票方式が採用され
表
日本国憲法改正国民投票
都（道府県） 〇〇市
選挙管理委員会
印
裏
〇注意
一、憲法改正案に賛成するときは次の欄内の賛成の文字を〇の記号で囲むこと。
二、憲法改正案に反対するときは次の欄内の反対の文字を〇の記号で囲むこと。
三、〇の記号以外は何も書かないこと。
記載欄
賛成
反対
複数の憲法改正の
発議がされた場合には
それぞれに必要な
投票用紙が配られ
賛成と反対の記載欄の
どちらかをマルで囲って
投票することになります
そこで キミボク憲法では
現行の第九条を
そのままに
そこに新たに第三項を
加えた改正案が発議され
私たちに提案されたとして
模擬投票を
おこないたいと思います

日本国憲法第九条
日本国民は、正義と秩序を基調とする国際平和を誠実に希求し、国権の発動たる戦争と、武力による威嚇又は武力の行使は、国際紛争を解決する手段としては、永久にこれを放棄する。
② 前項の目的を達するため、陸海空軍その他の戦力は、これを保持しない。国の交戦権は、これを認めない。
③ 前項の規定は、国際法に基づき、我が国の独立と平和並びに国及び国民の安全を確保するために、内閣総理大臣を最高指揮官とする自衛隊の設置を妨げるものではない。
ぱっ
以上になりますが このキミボク憲法の 模擬投票について 疑問や質問など ありますか？
スッ
あのう…
はい！
私たち まだ 一七なんですけど…
投票できるん ですか？
えっ
二〇一五年に 公職選挙法が改正されて 二〇一六年からは 一八歳以上に選挙権が 与えられるようになりました
ペラ ペラ
えーと
えーっとお…

けど キミボク憲法は
模擬投票なので
一八歳になってない人にも
投票してもらえればと
思っているんで！
出口
ぎくしゃく
・・・・。
この前 私も一八歳に
なってはじめて投票に
行ったんだけど
今思うと その前に
こういう機会が
あったらって…
将来の本番のために
オススメですよ！
はい！
それではみなさんを
投票所へ
ご案内させて
もらいまーす！
キイ。。。

投票の流れですが
大ホールを出る時に
みなさんにひとり一枚
入場券をお渡しします
その入場券に今回は
性別と年齢だけを
記入してください
それが投票用紙と
引き換えになります
その投票用紙を持って
個別に仕切られた
投票記帳台へ
賛成と反対の意思表示を
してもらい 最後に
その投票用紙を投票箱に
入れてください
ざわ
ざわ

行くぞ！ ママ！
一番乗りしないと！
ガタッ
あなた ちょっと…
すみませんね ウチのパパ せっかちなもので…
お先に
ママ！ はやく はやく！
はいはい
も〜〜っ
私たちも 行ってみようか
ええ…
はっ
……

ありがとうね
和久…
ばあちゃん…
うる、
ハッ
ぐっ
くすっ
わい
きゃ
ガヤ
ガヤ

も
ひかる！手伝ってよ！
ごめん ごめん！今行くー！
入場券に記入して投票用紙をもらって下さーい！
投票が終わった方は体育館に足を運んでみて下さい！
一五時からキミボク憲法ならではの夢の対決がはじまりますので！
ざーわ
五・四・三…

二・一
オープン！
おおおおおおー！
パチ
パチ
パチ
これまで私たちの学校にはバリアフリーの設備がありませんでした
そこで私たちボランティア同好会では学園祭のキミボク憲法に合わせて
体育館まで続くスロープを特別に設置させてもらいました
実は このスロープは一九六四年の東京オリンピックの後に開催された東京パラリンピックで自衛隊が作ったのを参考にしてるんです

当時の日本では
障がいがある人も
障がいのない人も
若い人も年を取った人も
同じ社会の中で一緒に
生活していくという
バリアフリーの概念が
ありませんでした
そんな中 パラリンピックの
選手村のメインビルの
一階の段差に手探り状態で
設置されたこのスロープが
現在の日本のバリアフリーに
つながっていくことになります
ボクたち
ボランティア同好会は
このスロープを再現
するために夏休みを
使って当時の資料を調べ
この体育館に設置する
最適な斜度を街中の
バリアフリー施設を
測量することで算出し
ペラ
ペラ
ペラ
ということで
このスロープを一番最初に
使ってもらうのは
パラリンピックの正式競技
『ウィルチェアーラグビー』の
日本代表候補選手

山越登キャプテン率いる『ボーダレス』の選手たちになりまーす！
パチ
パチ
パチ
パチ
パチ
パチ
シャ
パチ
パチ
パチ
パシャ
パシャシャ
すげえな これ…
全部 自分たちで 作ったんだろ？
高校生やるな！
これから『ボーダレス』の選手たちには体育館でエキシビションに臨んでもらいます！
もちろん対戦相手は！

我らが集英学園ラグビー部！
悪いですけどラグビーって名がつく競技でオレら負けるわけにはいかないんで！
ハンデが欲しいなら今のうちだぞ！
お互いアスリート同士！対等の条件でやるのがスポーツでしょ！
ガッ
そうだな…

行くぞ!
おおっ!
みなさんも
スロープを登って
体育館にお入り下さい
ちょっと
いいですか?
はい?
ボクたち
ボランティア同好会に
興味があるんですけど…
いろいろ話
聞かせてもらえ
ませんか?
!
ビッ!
よ 喜んでー!

ちょっと停《と》めてもらえるかな？
わかりました
キミボク憲法！
高校生にも身近な日本国憲法！
三大原則の国民主権・基本的人権の尊重
投票箱
キミボク憲法か…
あれからみんな日本国憲法について考えてくれてるんだね…

バ
タ
まだまだ捨てたもんじゃないいな
日本の高校生も…
日本の将来も…
END

＊本書作成にあたり、
学校法人桐蔭学園高等学校三年生並びに
桐蔭学園中等教育学校六年生の方々に
ご協力いただきました。深く感謝申し上げます。

＊なお、本書に登場する集英学園およびその生徒たち、
並びに女性代議士・大田原ヨネ子、
ウィルチェアーラグビーの山越登等、
架空の人物にまつわる出来事は、
原作者と漫画家による
創作であることをお断りしておきます。

主要参考文献
『池上彰の憲法入門』池上彰／ちくまプリマー新書
『Q＆A解説　憲法改正国民投票法』南部義典／現代人文社
『「18歳選挙権」で社会はどう変わるか』林大介／集英社新書
『スポーツ歴史の検証　オリンピック・パラリンピックのレガシー』笹川スポーツ財団
『スポーツ歴史の検証　1964年東京大会を支えた人びと』笹川スポーツ財団
『スポーツ歴史の検証　日本のスポーツとオリンピック・パラリンピックの歴史』笹川スポーツ財団
『そうだったのか！　日本現代史』池上彰／ホーム社
『超訳日本国憲法』池上彰／新潮新書
『帝国議会──西洋の衝撃から誕生までの格闘』久保田哲／中公新書
『パラリンピック大百科』
日本障がい者スポーツ協会協力・陶山哲夫監修・コンデックス情報研究所編著／清水書院

池上彰
ジャーナリスト。名城大学教授、東京工業大学特命教授。1950年長野県松本市生まれ。
慶應義塾大学経済学部卒。73年NHK入局。記者として災害や事件、消費者問題などを担当し、
94年から「NHK週刊こどもニュース」初代お父さん役を11年間続ける。
2005年にNHKを退職。フリーランスの立場で幅広く活動する。
『そうだったのか！ 現代史』『高校生からわかる「資本論」』『これが「日本の民主主義」！』など、著書多数。

門脇正法
漫画原作者、スポーツライター。1967年埼玉県生まれ。
明治大学文学部卒、日本女子体育大学大学院修了。脚本家・小山高生氏からシナリオを学ぶ。
現在は少年ジャンプのスポーツ記事特集「ジャンスタ」を中心にスポーツライターとしても活躍。
著書に『少年ジャンプ勝利学』、シナリオ原作に『学習まんが 日本の歴史』(8・9・10)などがある。

潜木ひろ
漫画家。女性向けの作品を描いている。

マンガ 僕《ぼく》たちの日本国憲法《にほんこくけんぽう》

2019年2月28日 第1刷発行

監 修 池上《いけがみ》 彰《あきら》
原 作 門脇正法《かどわきまさのり》
作 画 潜木《くぐるぎ》ひろ

発行人 遅塚久美子

発行所 株式会社ホーム社
〒101-0051 東京都千代田区神田神保町3-29共同ビル
電話［編集部］03-5211-2966

発売元 株式会社集英社
〒101-8050 東京都千代田区一ツ橋2-5-10
電話［販売部］03-3230-6393(書店専用)
［読者係］03-3230-6080

製版所 株式会社昭和ブライト
印刷所 凸版印刷株式会社
製本所 凸版印刷株式会社

装 丁 Design Trim 立花久人／福永圭子

ISBN978-4-8342-5323-8 C0032